A Chain of Custody Guide for American and Mexican Law Enforcement Professionals

I0491525

English and Spanish Version

Michael C. Steen

Spanish version by José Luis Leyva

DEDICATION

This guide is dedicated to all the hard working law enforcement professionals who honor this job everyday with dedication and integrity.

TABLE OF CONTENTS

AUTHOR'S NOTE

A law enforcement professional honestly and impartially investigates allegations of wrongdoing, with revealing the truth as the *only acceptable outcome*. True professionals do not lie, cheat or steal. They do not plant evidence, nor do they hide evidence. They honor the badge they wear and the oath they take. In a world that often appears to have been turned upside down, there must be at least one constant: trust in our law enforcement professionals. This is earned, one case at a time.

1   INTRODUCTION

From a law enforcement perspective, the criminal justice profession encompasses a very large and complex industry guided by ever-changing laws, rules, policies, procedures, concepts, guidelines, circumstances, and scenarios. Occasionally though, particular concepts rise to such a level of importance that they become universally accepted, taught and expected. The chain of custody concept is one of those.

This chain of custody guide is a best practices overview covering a very narrow topic critical to good policing, and was written for those who are new to the criminal justice profession or new to an adversarial court system. It was written from a law enforcement professional's perspective and should not be considered a definitive legal guide. In this guide, the reader will find a simplified summary of the chain of custody concept, what it means, how it is applied, and recommendations to avoid costly mistakes.

Though this guide offers a glimpse of the best practices surrounding chain of custody, law enforcement professionals are always encouraged to seek legal advice from their respective prosecuting attorneys regarding jurisdictional differences in preserving and presenting criminal evidence.

2   EVIDENCE

Evidence

Simply stated, *evidence* is anything legally presented at trial to prove a fact.   Financial records, witness testimony, physical objects, exhibits, scientific findings, etc., are all examples of evidence commonly presented at trial. These examples are typically classified into two categories, *direct* and *circumstantial*, and are discussed later in this chapter.

Relevant Evidence

Not every fact revealed, or item collected during an investigation is relevant to the crime presented before the court. This is important because only *relevant evidence*, or evidence that tends to prove or disprove facts in the case, is admissible in trial. Evidence that is ambiguous or being offered solely to sway the court with no connection to the crime being tried is generally not allowed.

Direct and Circumstantial Evidence

As stated earlier, evidence is often classified into two types: direct evidence and circumstantial evidence. *Direct evidence* is any evidence that proves a fact without requiring the court to make inferences or logical conclusions. For example, eyewitness testimony is direct evidence of what the witness saw. There is no guesswork in this scenario. *Circumstantial evidence*, however, is evidence that indirectly proves a fact. This type of evidence requires the court to infer, or conclude that the fact exists. For example, a witness testifies she heard a noise in the next room, and when she went to see the cause, found the victim on the floor with a knife in his chest and the defendant running   out   the   front   door.

10

The court can reasonably conclude the defendant was somehow involved in the stabbing. But further proof is required to show that the defendant actually stabbed the victim and was not merely a witness to the stabbing.

Common Evidence

Direct Evidence	Circumstantial Evidence
<ul><li>Eyewitness Testimony</li><li>Video Recordings</li><li>Photo Documentation</li><li>Recorded Confessions</li></ul>	<ul><li>Witness Testimony</li><li>Expert Testimony</li><li>Fingerprints</li><li>Palmprints</li><li>Footprints</li><li>Audio Recordings</li><li>Blood Spatters</li><li>Blood Evidence</li><li>Semen and other Body Fluids</li><li>Hair Fibers</li><li>Fabric Fibers</li><li>DNA</li><li>Broken Glass</li><li>Financial Records</li><li>Public Records</li><li>Photo Documentation</li><li>Weapons</li><li>Crime Scene Diagrams</li></ul>

3   CHAIN OF CUSTODY

Chain of Custody

The prosecution must show the court that the offered evidence has been diligently protected to ensure authenticity. To do this, the prosecution relies on a *clear chain of custody*. This concept refers to written records and witness testimony documenting the order of possession from the time evidence is located, collected, transported, stored, and ultimately presented to the court.

Below is a diagram depicting the typical steps followed for proper chain of custody. Following this diagram is a more in-depth discussion for each step, along with an example scenario.

Diagram: Steps for a Proper Chain of Custody

Locate
Photograph/Diagram
Document
Collect *Written Chain of Custody Begins*
Package
Transport
Storage
Expert Analysis
Review
Transport for Trial
Present to the Court

Chain of Custody Steps

1. Locate

At crime scenes, investigators and criminalists make on-the-spot judgement calls about what items are potentially relevant. Education, experience and training all play roles in how well these professionals identify what is important. It is widely accepted that being overly-cautious is prudent and, conversely, there are significant consequences for rushing the process and failing to find critical evidence.

2. Photograph

A crime scene photograph is one of the most effective demonstrative exhibits available to show what an investigator found.

Photographs not only show the item as it was collected, but shows the context in which it was found. Therefore, it is highly recommended that all evidence be clearly photographed before it is collected.

3. Document

First responding officers, investigators, criminalists, and experts, are required to write clear factual reports about their respective observations and actions during an investigation, particularly when processing a crime scene. Regardless who finds, photographs or collects evidence, a written log documenting all evidence removed from the scene must be completed. Often this log is attached to either the investigator's report or the criminalist's crime scene diagram.

4. Collect

The written chain of custody does not always begin with the person locating the evidence. For example: a patrol officer sees a bloody knife behind a trash can, tells the investigator who then photographs and collects the knife. The patrol officer and investigator both document in their written reports that the knife was found by the patrol officer; however, the investigator who collected the evidence would start the written chain. At trial, the patrol officer testifies about finding the knife; the investigator testifies about collecting the knife. Therefore, the first person to physically collect the evidence and remove it from the crime scene begins the written chain of custody.

5. Package

As evidence is located and collected, the ideal practice is to package and seal the evidence prior to leaving the scene. However, this is not always practical or possible. In those instances, every precaution should be taken to keep evidence separated from contaminants while in transport, and the evidence must be packaged and sealed as soon thereafter as possible. For example, bloody clothing should not be packaged until properly dried. This means wrapping the bloody clothing in clean paper and transporting it to a drying facility. Once the clothing is sufficiently dry, the material can then be packaged for storage and later analysis.

At a minimum, the evidence packaging label should note the

date, case number, item number, suspect, victim, description of
evidence, exam required, case officer, and chain of custody list. See
example evidence packaging chain of custody form below.

Example evidence packaging chain of custody form:

EVIDENCE		
Date:	**Case#**	**Item#**
Suspect(s)		
Victim(s)		
Description of Evidence:		
Location Found:		
Exam Required:		
Case Officer:		
Chain of Custody		
Date:	**From:**	**To:**

6. Transport

Regardless whether evidence is transported to a storage facility or specialized laboratory, precaution should always be taken to protect evidence from contaminants, weather conditions, and harmful elements. For example, seized digital media should not be left in direct sunlight.

It is not uncommon for evidence to be stored in a vehicle over a short period-of-time while the crime scene is being processed and in instances where the crime scene is a long distance from the storage facility. In these situations, every attempt should be made to ensure the evidence is sealed in proper packaging and locked inside a vehicle, or under the watchful eye of the transporting law enforcement professional. The packaging and seals should be inspected often to ensure the evidence is protected from contaminants and no unauthorized access to the evidence has occurred.

7. Storage

Ideally, once collected and transported, evidence should be turned over to a third party who is responsible for the storage of property and evidence. Evidence should be stored in a dry secure/locked location with limited access. Anytime the evidence is removed from the secure storage, the person removing or accepting the evidence becomes part of the chain of custody.

8. Expert Analysis

Evidence will often require the testing and/or analysis of a qualified expert. Any testing or analysis should be accompanied by a detailed report explaining why the tests or analysis were performed and by whom. The expert accepting the evidence for analysis becomes part of the chain of custody.

9. Review

It is important that a law enforcement professional accompany anyone who is reviewing evidence, and document any actions taken with that evidence. Absent a court order, no unauthorized person should be allowed to be alone with, alter, or damage evidence.

16

Remember, when the evidence is in law enforcement custody, it constructively belongs to that agency, and that agency will be held accountable for any alterations to or contamination of that evidence.

Prosecutors and defense attorneys may review evidence without becoming part of the chain of custody. This occurs when they review evidence without physically removing the evidence from the secure storage, and they do not personally remove the evidence from the sealed packaging material. In the event evidence needs to be removed from either, a law enforcement professional can perform this task, thereby keeping the prosecutor and defense attorney from the actual chain of custody.

Anytime evidence is removed from its secure packaging, the professional removing the evidence must open the package away from the original sealed side, and then write on the package the time, date and reason for opening the package. Once the review is complete, the same professional must reseal the package and initial it.

The defense has a right to review, and if necessary, analyze evidence using their own experts. If the defense asks to review evidence in the secure storage facility, every effort should be made to accommodate this.

10. Transport to Trial

Transporting evidence to trial should occur just before trial and should not include any undue stops along the way. Remember, until this evidence is properly admitted at trial, it is still prone to contaminants and damage.

11. Presented to the Court

Once the prosecution has laid proper foundation, the evidence may be presented to the court, and upon approval, admitted as relevant evidence. It is then the responsibility of the court to maintain the sanctity of the evidence throughout the trial.

Chain of Custody Scenario and Evidence Form:

Officer Munoz is called to a shooting behind a local convenience store. When he arrives, he finds a pistol lying next to a dead male. When Investigator Pena arrives, Officer Munoz points to the pistol and describes how he <u>Located</u> it and noted he did not touch the pistol.

Investigator Pena directs the expert photographer to <u>Photograph</u> the pistol before and after it is removed from where Officer Munoz found it.

Investigator Pena writes in his Field Notes that Munoz found the pistol and the expert photographed it. He then <u>Documents</u> the pistol on the crime scene evidence log and creates a crime scene diagram showing the exact location Officer Munoz first found the pistol.

Wearing protective gloves, Investigator Pena picks the pistol up; renders it safe; has additional photographs taken; determines the pistol's serial number is A12345; notices that it has a deep scratch in the barrel; and determines the pistol may now be <u>Collected</u> from the crime scene.

Investigator Pena <u>Packages</u> the pistol in a cardboard pistol evidence box, seals the box with evidence tape, initials the evidence tape, and writes his name and the date as the beginning of the pistol's Chain of Custody.

Investigator Pena <u>Transports</u> the pistol straight to his agency's evidence storage facility and turns the pistol over to Evidence Custodian Gomez for safe <u>Storage</u>. Gomez is now the second person in the chain.

Upon request of the prosecutor, Evidence Custodian Gomez transports the pistol to the local crime lab and turns the pistol over to Fingerprint Expert Salinas for <u>Expert Analysis</u>. Salinas becomes the third professional in the chain. Expert Salinas completes her fingerprint processing, prepares a report, and gives the pistol back to Evidence Custodian Gomez. Evidence Custodian Gomez verifies the pistol is the same pistol he originally delivered to Expert Salinas, and transports the pistol back to the evidence storage facility where he again stores the pistol.

The Prosecutor and Defense Attorney both <u>Review</u> the pistol while it is in storage, but neither remove or take possession of the pistol.

The day of trial, Investigator Pena picks the pistol up from Evidence Custodian Gomez, verifies the pistol is same pistol he collected from the crime scene (same serial number and distinctive marking) and <u>Transports the pistol to court</u>.

During trial, the prosecutor has Officer Munoz testify about locating the pistol. He then has the expert photographer testify about taking pictures of the pistol and requests permission from the court to admit crime scene photographs of the pistol into trial as exhibits. Finally, the prosecutor has Investigator Pena testify how he collected the pistol from the scene and then asks Pena to verify the pistol he is holding before the court is, in fact, the same pistol he collected. Pena does so by confirming the serial number is the same (A12345) and describing for the court the distinctive scratch on the barrel. The prosecutor then asks and receives permission to admit the pistol into trial as relevant evidence.

Additional witnesses may include Evidence Custodian Gomez to testify about storage and delivery of the pistol and Latent Print Expert Salinas to testify about her fingerprint examination of the pistol.

EVIDENCE		
Date: 18 April, 2016	**Case#** 16-12345	**Item#** 1

Suspect(s)	Unknown
Victim(s)	Deceased Male
Description of Evidence:	.38 Caliber Pistol, Serial Number A12345, Blued, Wooden Grip, Deep Scratch on Barrel
Location Found:	Alley behind Circle K Convenience Store, 27405 Revolution Avenue, Next to Victim
Exam Required:	Latent Print
Case Officer:	Investigator Jorge Pena

Chain of Custody

Date:	From:	To:
18 April, 2016	Pena	Gomez (Storage)
3 May, 2016	Gomez (Storage)	Salinas (Crime Lab)
11 Sept., 2016	Salinas (Crime Lab)	Gomez (Storage)
20 March, 2017	Gomez (Storage)	Pena (Court)
20 March, 2017	Pena	Trial Court

4   ADMISSIBILITY AND AUTHENTICITY

Admissibility

Admissibility simply means that the court recognizes the evidence being offered is authentic and relevant to the case and the prosecution, or defense, has given sufficient reason why the evidence should be accepted by the court.

Authentication

Before any evidence is admitted by the court, it must first be *authenticated*. This is a process where evidence presented to the court is proven to be genuine, not a forgery, and not altered. This generally occurs through some sort of witness testimony.

A court may allow evidence to be admitted without testimony when the evidence is considered self-authenticating; for example   as public records and publications can be self-authenticating. Below are two examples of evidence authentication:

- An investigator with <u>firsthand knowledge</u> testifies she personally collected a bullet from the crime scene and transported the bullet to trial to be presented to the court. The investigator knows this is the bullet from the crime scene because she recognizes distinctive markings on the bullet and she identifies her initials on the evidence packaging envelope.

- A witness who is <u>familiar</u> with the knife being offered into evidence testifies that she is familiar with the knife because she gave the knife to the defendant as a birthday present.

5   TESTIFYING

Prior to Testifying
    Law enforcement professionals must prepare themselves to testify accurately and truthfully in every trial based on their own recollections. This means it is critical to review case notes, reports, and evidence prior to taking the stand. This is a best practice and should be taught to all new law enforcement professionals.

    Investigators and criminalists must also be prepared to bring all relevant evidence to trial. To limit mistakes, these professionals may personally inventory the evidence needed for court prior to the court date. There is nothing worse than opening a sealed evidence package while on the stand only to find the evidence has been mislabeled or the package is empty.

Testifying
    Law enforcement professionals usually testify in two parts during the evidence admission phase: historical or foundational testimony and authentication testimony.

    The historical or foundational testimony is an explanation to the court how the professional came into possession of the evidence that is about to be offered. For example, an investigator may tell the court about being the on-duty investigator and, as such, he was asked to respond to the scene of the crime. While at the scene, the investigator found and collected particular pieces of evidence.

The second part of the professional's testimony is the actual identification and authentication of the evidence. After the witness has explained to the court how a particular piece of evidence was located and collected, the prosecutor will show the evidence to the investigator and ask the investigator to identify what was shown. This is the investigator's opportunity to look at the evidence closely, and if possible, identify and authenticate it. There are a few important issues to remember during this portion of testimony:

- The law enforcement professional should always be truthful and accurate with their identification of the evidence. If the professional cannot positively identify the evidence, he must tell the court. For example, it is not uncommon for several law enforcement professionals to testify in a trial about their individual involvement at a crime scene. Each professional may have a slightly different perspective and may have collected different pieces of evidence.

- Law enforcement professionals should be prepared to explain how they recognize the evidence they are authenticating, i.e. distinguishing characteristics, serial numbers, initials on the chain of custody form, etc.

- If the evidence has been altered or changed in any way, the law enforcement professional CANNOT testify that the evidence is exactly as he originally collected it. Changes to evidence occur when expert analysis is performed on the evidence and this type of alteration is expected. Changes may include the presence of fingerprint powder, the absence of blood because it was swabbed off the evidence, or portions of the evidence were removed for testing, etc. In these situations, the witness may only be able to testify that the evidence is "substantially the same" as the day it was collected.

- Photographs generally aren't admitted into evidence unless a witness can testify that the image "accurately reflects what she saw at the scene" or something to that effect.

6   CONCLUSION

In this guide, the reader was exposed to a simplified summary of the chain of custody concept, what it means, how it is applied, and recommendations to avoid costly mistakes.

From a law enforcement perspective, this guide described direct and circumstantial evidence and what constitutes relevant evidence. Further, the chain of custody process commonly used by law enforcement professionals throughout the United States, and increasingly used by law enforcement professionals working under Mexico's new adversarial criminal justice system, was detailed in a step-by-step process with accompanying examples. Finally, the path by which evidence is presented to a trial court, authenticated, and admitted (with and without testimony) was explained.

As stated in this guide's introduction, this book offers a glimpse of the best practices surrounding chain of custody; however, law enforcement professionals should seek legal advice from their respective prosecuting attorneys regarding jurisdictional differences in preserving and presenting criminal evidence.

ABOUT THE AUTHOR

Michael C. Steen is a police executive and trainer with over 20 years of policing experience. After serving in the United States Marine Corps, he turned to an active and diverse career in law enforcement. Along the way, he became an instructor in several police related topics, published research, and over the last eight years, as part of his policing duties, worked as an instructor for Mexican law enforcement professionals. Michael earned his Bachelor of Arts degree in Criminal Justice Administration and has Associate degrees in Criminal Justice and the Applied Sciences of Law Enforcement.

Michael passionately believes that a professional investigator's highest responsibility is to impartially seek and reveal the truth. With that belief, Michael teaches that *without clear unadulterated truth, justice cannot be served.*

ABOUT THE TRANSLATOR

For more than 25 years, José Luis Leyva has been a translator and interpreter in various technical areas. His vast experience in bilingualism has allowed him to interpret for Presidents, Latin American and US governors, ambassadors, CEO's, judges, prosecutors, forensic experts and healthcare professionals. He is also the author of other books, including technical terminology books.

Spanish Version
Versión En Español

DEDICATORIA

Esta guía está dedicada a todos los oficiales que trabajan arduamente en la procuración de justicia y honran esta profesión día con día con su dedicación e integridad.

Tabla de Contenido

NOTA DEL AUTOR

Un oficial dedicado a la procuración de justicia investiga de manera honesta e imparcial las acusaciones de conductas ilícitas, y busca encontrar la verdad como único resultado aceptable. Quienes lo hacen de manera profesional no mienten, no engañan ni roban. No siembran pruebas ni tampoco las ocultan. Hacen honor a la placa que portan y al juramento que han aceptado. En un mundo que a menudo parece haberse vuelto al revés, debe haber al menos una constante: la confianza en nuestros oficiales de procuración de justicia Esto se gana un caso a la vez.

1   Introducción

Desde la perspectiva de la procuración de justicia, la profesión de la justicia penal abarca una industria muy grande y compleja guiada por leyes, políticas, procedimientos, conceptos, directrices, circunstancias, y escenarios que cambian constantemente. A veces, sin embargo, algunos conceptos particulares alcanzan un nivel de importancia tal que se convierten en universalmente aceptados, enseñados y esperados. El concepto de la cadena de custodia es uno de ellos.

Esta guía para los procedimientos de cadena de custodia es una visión general de las mejores prácticas que cubre un tema muy estrecho, crucial para establecer buenas políticas y se escribió para aquéllos que son nuevos en la profesión de la justicia penal o nuevos en un sistema de justicia adversarial. Se escribió desde la perspectiva de un oficial de la procuración de justicia y no debe ser considerado una guía jurídica definitiva. En esta guía el lector encontrará un resumen simplificado del concepto de cadena de custodia, lo que significa, cómo se aplica y algunas recomendaciones para evitar errores costosos.

Aunque esta guía propone una mirada a las mejores prácticas en torno a la cadena de custodia, los oficiales que trabajan en la procuración de justicia deben buscar asesoramiento jurídico de sus respectivos fiscales en relación con las diferencias que se dan en las diferentes jurisdicciones al momento de la preservación y presentación de pruebas penales.

2   PRUEBAS

Pruebas

En pocas palabras, las pruebas o evidencia son cualquier cosa que legalmente se presente en el juicio para probar un hecho. Los registros financieros, los testimonios de testigos, los objetos físicos, los objetos presentados como pruebas, los hallazgos científicos, etc., son todos ejemplos de pruebas que comúnmente se presentan en un juicio. Estos ejemplos se clasifican típicamente en dos categorías: directas y circunstanciales, y se discuten más delante en este capítulo.

Pruebas pertinentes

No todos los hechos que se revelan, o artículos que se levantan durante una investigación son pertinentes en relación al delito que se presenta ante el tribunal. Esto es importante porque sólo son admisibles en el juicio las pruebas pertinentes o pruebas que tienden a probar o desmentir los hechos en el caso. Por lo general, no se permiten las pruebas que sean ambiguas o que se presenten únicamente para influir en el tribunal sin relación con el delito que se está juzgando.

Pruebas directas y circunstanciales

Como se ha indicado antes, las pruebas frecuentemente se clasifican en dos tipos: pruebas directas y pruebas circunstanciales. *Las Pruebas Directas* son cualquier evidencia que pruebe un hecho sin requerir que el tribunal haga inferencias o conclusiones lógicas. Por ejemplo, el testimonio de testigos oculares es una evidencia directa de lo que el testigo vio. No hay suposiciones en este escenario. *Las pruebas circunstanciales,* sin embargo, son pruebas que demuestran indirectamente un hecho.

Este tipo de pruebas requiere que el tribunal infiera o concluya que el hecho existe. Por ejemplo, un testigo declara que oyó un ruido en la habitación de al lado, y cuando fue a ver la causa, encontró a la víctima en el piso con un cuchillo en el pecho y el acusado corriendo por la puerta principal. El tribunal puede razonablemente concluir que el acusado estuvo de alguna manera involucrado en el apuñalamiento. Pero se necesitan más pruebas para demostrar que el acusado realmente apuñaló a la víctima y no fue simplemente un testigo del apuñalamiento.

Pruebas comunes

Pruebas Directas	Pruebas Circunstanciales
• El testimonio de testigos oculares • Videograbación: • Documentación fotográfica • Confesiones grabadas	• Testimonio de los testigos • Testimonio de los testigos • Huellas dactilares • Huellas de la palma • Huellas del pie • Grabaciones de audio: • Salpicaduras de sangre • Indicios de sangre • Semen y otros fluidos corporales • Fibras de cabello • Fibras de tejido • ADN • Cristales rotos • Registros financieros • Registros Públicos • Documentación fotográfica • Armas • Diagramas del lugar de los hechos

3   CADENA DE CUSTODIA

Cadena de Custodia

La fiscalía debe mostrar al tribunal que las pruebas presentadas han sido diligentemente protegidas para garantizar la autenticidad. Para ello, la fiscalía se basa en una clara cadena de custodia. Este concepto se refiere a registros escritos y testimonios que documenten el orden de posesión desde el momento en que la prueba se ubica, levanta, transporta, almacena y, en última instancia, se presenta a la corte o tribunal.

A continuación, se muestra un diagrama que ilustra los pasos típicos que deben darse para una cadena de custodia apropiada. Después de este diagrama hay una discusión más a profundidad para cada paso, junto con un escenario de ejemplo.

Diagrama: Pasos para una cadena de custodia adecuada

Ubicar
Tomar fotos / Elaborar Diagrama
Documentar
Levantar * Inicio del Registro por Escrito de la Cadena de Custodia:
Empacar
Transportar
Almacenar
Análisis del perito
Revisar
Transportar para la audiencia
Presentar al tribunal

Pasos en la Cadena de Custodia:

1. Ubicar

En el lugar de los hechos, los investigadores y criminalistas toman decisiones inmediatas de acuerdo a su discernimiento sobre qué elementos son potencialmente pertinentes. La educación, experiencia y capacitación desempeñan un papel importante en lo bien que este personal identifica lo que es importante. Se reconoce ampliamente que ser demasiado cauteloso es prudente y, por el contrario, hay serias consecuencias cuando se apresura el proceso y no se encuentran las pruebas que son cruciales.

2. Tomar fotos

Una fotografía del lugar de los hechos es una de las pruebas demostrativas más efectivas disponibles para mostrar lo que encontró el investigador. Las fotografías no sólo muestran el artículo tal como se levantó, sino que muestran el contexto en el que se encontró. Por tanto, se recomienda enfáticamente que todas las pruebas sean fotografiadas claramente antes de ser levantadas.

3. Documento

Los primeros oficiales que responden, investigadores, criminalistas y peritos deben redactar informes fácticos claros sobre sus observaciones y acciones respectivas durante una investigación, particularmente cuando procesen el lugar de los hechos. Independientemente de quién encuentre, fotografíe o recopile evidencia, se debe llenar un registro escrito que documente todas las pruebas retiradas del lugar de los hechos. A menudo este registro se adjunta al informe del investigador o el diagrama del lugar de los hechos del criminalista.

4. Recolectar

La cadena de custodia escrita no siempre comienza con la persona que localiza la evidencia/pruebas. Por ejemplo: un oficial de patrulla ve un cuchillo ensangrentado detrás de un bote de basura, le dice al investigador, que luego fotografía y recoge el cuchillo. El oficial de patrulla y el investigador, ambos documentan en sus informes escritos que el cuchillo fue encontrado por el oficial de la patrulla; sin embargo, el investigador que recolectó la evidencia comenzaría la cadena escrita. En el juicio, el oficial patrullero testifica acerca de cómo encontró el cuchillo; el investigador testifica sobre la recolección del cuchillo. Por tanto, la primera persona que recoge físicamente la evidencia y la saca del lugar de los hechos comienza la cadena de custodia escrita.

5. Empaquetar

A medida que se localiza y recogen las pruebas, la práctica ideal es empacar y sellar las pruebas antes de salir del lugar de los hechos. Sin embargo, esto no es siempre práctico o posible. En tales casos, se deben tomar todas las precauciones para mantener las pruebas fuera del alcance de contaminantes durante el transporte, y las pruebas deben empacarse y sellarse tan pronto como sea posible. Por ejemplo, la ropa ensangrentada no debe ser empacada hasta que se haya secado adecuadamente. Esto significa envolver la ropa ensangrentada en papel limpio y transportarla a una instalación de secado. Una vez que la ropa esté lo suficientemente seca, el material se puede empacar para su almacenamiento y posterior análisis.

Como mínimo, la etiqueta del empaque de las pruebas debe contener la fecha, número de caso, número de artículo, sospechoso, víctima, descripción de la evidencia, examen requerido, oficial del caso y lista de la cadena de custodia. Vea a continuación un ejemplo del formato de la cadena de custodia para indicios/pruebas.

Ejemplo del formato de la cadena de custodia para indicios/pruebas:

PRUEBAS/INDICIOS		
Fecha:	**Caso n°:**	**Artículo#:**
Sospechoso(s)		
Victima(s):		
Descripción de las pruebas:		
Ubicación donde se encontró:		
Examen Requerido:		
Oficial del caso:		
Cadena de Custodia		
Fecha:	**De:**	**A:**

6. Transporte

Independientemente de si las pruebas o indicios se transportan a una instalación de almacenamiento o a un laboratorio especializado, siempre se deben tomar precauciones para proteger las pruebas de contaminantes, condiciones climáticas y elementos dañinos. Por ejemplo, los medios digitales incautados no deben dejarse al sol.

No es raro que las pruebas se almacenen en un vehículo durante un tiempo corto mientras se procesa el lugar de los hechos y en los casos en que el lugar de los hechos se encuentre a una gran distancia de la instalación de almacenamiento. En estas situaciones, se debe hacer todo lo posible para asegurar que las pruebas estén selladas en el embalaje apropiado y encerradas dentro de un vehículo, o bajo la atenta mirada del oficial encargado de procuración de justicia que transporte las pruebas o indicios. El empaque y los sellos deben ser inspeccionados con frecuencia para asegurar que las pruebas estén a salvo de contaminantes y no se haya producido ningún acceso no autorizado a las pruebas.

7. Almacenamiento

Idealmente, una vez recogidas y transportadas, las pruebas o indicios deben ser entregadas a un tercero que es responsable del almacenamiento de propiedad y pruebas. Las pruebas o indicios debes almacenarse en un lugar seco y seguro con acceso limitado. Cada vez que se retiren las pruebas del almacenamiento seguro, la persona que retire o acepte las pruebas se convierte en parte de la cadena de custodia.

8. Análisis de Peritos

Las pruebas a menudo requerirán análisis de un perito calificado. Cualquier prueba o análisis debe ir acompañada de un informe detallado que explique por qué y por quién se realizaron las pruebas o análisis. Cada vez que se retiren las pruebas o indicios del almacenamiento seguro, la persona que retire o acepte las pruebas se convierte en parte de la cadena de custodia.

9. Revisión

Es importante que un oficial acompañe a cualquiera que esté revisando las pruebas, y documente cualquier acción que se realice en tales pruebas o indicios. A falta de una orden judicial, no se deberá permitir a ninguna persona no autorizada estar a solas, alterar o dañar las pruebas. Recuerde, cuando las pruebas o indicios están en custodia de algún oficial, pertenece constructivamente a tal corporación de procuración de justicia, y tal corporación será responsable de cualquier alteración o contaminación de esas pruebas.

Los fiscales y los abogados defensores pueden revisar la evidencia sin pasar a formar parte de la cadena de custodia. Esto ocurre cuando revisan la evidencia sin retirarla físicamente del almacenamiento seguro y no retiran personalmente la evidencia del material de embalaje sellado. En caso de que la evidencia o pruebas tengan que ser retirada, un oficial puede realizar esta tarea, manteniendo así al fiscal y al abogado defensor fuera de la cadena de custodia real.

Siempre que se retiren pruebas de su embalaje asegurado, el oficial que retire las pruebas o indicios debe abrir el paquete lejos del lado sellado original, y después escribir en el paquete la hora, la fecha y la razón por la que se abrió el paquete. Una vez realizada la revisión, el mismo oficial debe cerrar de nuevo el paquete y escribir sus iniciales.
La defensa tiene el derecho de revisar y, si es necesario, analizar las pruebas con sus propios peritos. Si la defensa pide revisar las pruebas en la instalación de almacenamiento seguro, todos los esfuerzos deben hacerse para esto pueda realizarse de manera apropiada.

10. Transporte al tribunal
El transporte de pruebas a la sala del juicio debe ocurrir justo antes del juicio y no debe incluir ninguna parada indebida en el camino. Recuerde, hasta que esta evidencia se admita correctamente en el juicio, todavía es propensa a contaminarse o sufrir daños.

11. Presentado al Tribunal
Una vez que Ministerio Público o Fiscal ha establecido el fundamento apropiado, las pruebas pueden presentarse ante el tribunal, y el momento de su aprobación, deben admitirse como pruebas o indicios pertinentes. Es entonces responsabilidad del tribunal mantener inmaculada la evidencia durante todo el juicio.

Formato de Escenario y Pruebas para la Cadena de Custodia:

El oficial Muñoz es llamado a un tiroteo detrás de una tienda de abarrotes local. Cuando llega, encuentra una pistola situada junto a un hombre muerto. Cuando llega el investigador Peña, el oficial Muñoz señala la pistola y describe cómo la Localizó e hizo notar que no tocó la pistola.

El investigador Peña dirige al perito fotógrafo para fijar imágenes de la pistola antes y después de que se retire de donde el oficial Muñoz la encontró.

El investigador Peña escribe en sus Notas de Campo que Muñoz encontró la pistola y el perito la fijó fotográficamente. Luego, documenta la pistola en el registro de pruebas del lugar de los hechos y crea un diagrama del lugar de los hechos que muestra la localización exacta del lugar donde el oficial Muñoz encontró por primera vez la pistola.

Usando guantes protectores, el investigador Peña recoge la pistola; la asegura; toma fotografías adicionales; determina que el número de serie de la pistola es A12345; Nota que tiene un rasguño profundo en el cañón; Y determina que la pistola puede ahora ser recogida del lugar de los hechos.

El investigador Peña empaca la pistola en una caja de indicios de cartón para pistolas, sella la caja con cinta de indicios, escribe sus iniciales en la cinta de indicios, y escribe su nombre y la fecha como comienzo de la cadena de custodia de la pistola.
El investigador Peña transporta la pistola directamente al almacén de indicios de su corporación a la instalación de almacenamiento de pruebas donde de nuevo almacena la pistola.

Testigos adicionales pueden incluir al custodio de indicios Gómez para testificar acerca del almacenamiento y entrega de la pistola y el perito de huellas dactilares Salinas para testificar sobre su examen de huellas dactilares y entregar la pistola al custodio de indicios Gómez para su almacenamiento seguro. Gómez es ahora la segunda persona en la cadena.

A petición del fiscal, el custodio de indicios Gómez transporta la pistola al laboratorio local de crimen y entrega la pistola al perito en dactiloscopía Salinas, para el Análisis por parte del perito. Salinas se convierte en el tercer oficial en la cadena. El perito Salinas concluye su procesamiento de huellas dactilares, prepara un informe y devuelve la pistola al custodio de indicios Gómez. El custodio de indicios Gómez verifica que la pistola es la misma pistola que originalmente entregó al perito Salinas, y transporta la pistola. El fiscal y el abogado defensor revisan la pistola mientras está en almacenamiento, pero no retiran ni toman posesión de la pistola.

El día del juicio, el investigador Peña recoge la pistola del custodio de indicios Gómez, verifica que la pistola sea la misma pistola que recogió del lugar de los hechos (el mismo número de serie y la marca distintiva) y transporta la pistola al tribunal.

Durante el juicio, el fiscal solicita al oficial Muñoz testificar sobre la localización de la pistola. Él entonces solicita al perito fotógrafo testificar acerca de la toma de fotos de la pistola y pide permiso al juzgador para admitir las fotografías de la pistola en el lugar de los hechos como pruebas en el juicio.

Por último, el fiscal solicita al investigador Peña testificar cómo recogió la pistola del lugar de los hechos y luego pide a Peña verificar que la pistola que muestra al tribunal sea, de hecho, la misma pistola que recogió. Peña lo hace confirmando que el número de serie es el mismo (A12345) y describiendo al tribunal la marca distintiva en el cañón. El fiscal entonces pide y recibe permiso para admitir la pistola en juicio como evidencia pertinente.

PRUEBAS/INDICIOS

Fecha: 18 de abril de 2016	Caso n° 16-12345	Artículo# 1

Sospechoso(s)	Desconocido
VICTIMA(S):	Finado Masculino
Descripción de las pruebas:	Pistola Calibre.38, número de serie A12345, azul, cacha de madera, cañón con marca profunda
Ubicación donde se encontró:	Callejón detrás del supermercado Circle K, 27405 Avenida Revolución, junto a la víctima
Examen Requerido:	Huella dactilar:
Oficial del caso:	Investigador Jorge Peña

Cadena de Custodia

Fecha:	De:	A:
18 de abril de 2016	Peña	Gómez (Almacén)
3 de mayo de 2016	Gómez (Almacén)	Salinas (Laboratorio)
11 de septiembre de 2016	Salinas (Laboratorio)	Gómez (Almacén)
20 de marzo de 2017	Gómez (Almacén)	Peña (tribunal)
20 de marzo de 2017	Peña	Tribunal de Primera Instancia

48

4   ADMISIBILIDAD Y AUTENTICIDAD

Admisibilidad

Admisibilidad simplemente significa que el tribunal reconoce que la prueba ofrecida es auténtica y pertinente para el caso y que la fiscalía o la defensa ha dado razones suficientes para que la prueba sea aceptada por el tribunal.

Autenticación

Antes de que cualquier prueba sea admitida por el tribunal, primero debe ser *autenticada*. Éste es un proceso donde las pruebas presentadas al tribunal se demuestran que son genuinas, no una falsificación, y no han sido alteradas. Esto generalmente ocurre por medio de algún tipo de comparecencia de testigos.

Un tribunal puede permitir que las pruebas sean admitidas sin testimonio cuando las pruebas se consideran autenticadas por sí mismas; por ejemplo, los registros públicos y las publicaciones pueden ser autenticadas por sí mismas. Éstos son dos ejemplos de autenticación de pruebas:

- Un investigador con conocimiento de primera mano testifica que personalmente recolectó una bala del lugar de los hechos y transportó la bala al juicio para ser presentada al tribunal. El investigador sabe que ésta es la bala del lugar de los hechos porque reconoce marcas distintivas en la bala e identifica sus iniciales en el sobre de empaque de la prueba.

- Una testigo que está familiarizado con el cuchillo que se ofrece como prueba, testifica que está familiarizada con el cuchillo porque ella dio el cuchillo al acusado como regalo de cumpleaños.

5   COMPARECENCIA DE TESTIGOS

Antes de Comparecer

Los oficiales de procuración de justicia deben prepararse para testificar con exactitud y veracidad en cada juicio en base a su propia memoria. Esto significa que es crucial revisar las notas del caso, informes y pruebas antes de comparecer. Ésta es una buena práctica y debe enseñarse a todos los nuevos oficiales de procuración de justicia.

Los investigadores y criminalistas también deben estar preparados para llevar todas las pruebas pertinentes al juicio. Para limitar los errores, estos oficiales pueden personalmente inventariar las pruebas que necesitarán en el tribunal antes de la fecha del juicio. No hay nada peor que abrir un paquete sellado de pruebas al estar en el estrado sólo para encontrar que el indicio ha sido mal etiquetado o el paquete está vacío.

Al Comparecer

Los oficiales de procuración de justicia suelen testificar en dos partes durante la fase de admisión de pruebas: testimonio histórico o fundacional y testimonio de autenticación.

El testimonio histórico o fundacional es una explicación al tribunal acerca de cómo el oficial tuvo posesión de la prueba que está a punto de ser ofrecida. Por ejemplo, un investigador puede decirle al tribunal que fue el investigador en turno y, como tal, se le pidió que acudiera al lugar de los hechos. Al estar en el lugar de los hechos, el investigador encontró y recogió pruebas específicas.

La segunda parte del testimonio del oficial es la identificación misma y autenticación de la prueba. Después de que el testigo haya explicado al tribunal cómo se localizó y recolectó una prueba o indicio, el fiscal mostrará la prueba al investigador y le pedirá al investigador que identifique lo que se mostró. Ésta es la oportunidad del investigador de examinar la prueba de cerca, y si es posible, identificarla y autenticarla. Hay algunas cuestiones importantes que debemos recordar durante esta parte del testimonio:

- El oficial de procuración de justicia siempre debe ser veraz y preciso con su identificación de la prueba. Si el oficial no puede identificar con seguridad la prueba, debe informar al tribunal. Por ejemplo, no es raro que varios oficiales de procuración de justicia den testimonio en un juicio sobre su participación individual en el lugar de los hechos. Cada oficial puede tener una perspectiva ligeramente diferente y puede haber recogido diferentes indicios o pruebas.

- Los oficiales de procuración de justicia deben estar preparados para explicar cómo reconocen las pruebas que están autenticando, es decir, las características distintivas, los números de serie, las iniciales de la cadena de custodia, etc.

- Si la prueba ha sido alterada o cambiada de alguna manera, el oficial NO PUEDE testificar que la prueba es exactamente como la recolectó originalmente. Los cambios en la prueba ocurren cuando el análisis del perito se realiza sobre la prueba y se espera tener este tipo de alteración. Los cambios pueden incluir la presencia de polvo para huellas dactilares, la ausencia de sangre porque se limpió la prueba, o partes de la prueba o indicio se retiraron para su análisis, etc. En estas situaciones, el testigo sólo puede ser capaz de testificar que la prueba es "sustancialmente la misma" que el día en que fue recolectada.

- Las fotografías generalmente no son admitidas como prueba a menos que un testigo pueda testificar que la imagen "refleja con exactitud lo que vio en el lugar de los hechos" o algo en ese sentido.

53

6   CONCLUSIÓN

En esta guía, el lector encontrará un resumen simplificado del concepto de cadena de custodia, qué significa, cómo se aplica y recomendaciones para evitar errores costosos.

Desde una perspectiva de la procuración de justicia, esta guía describió las pruebas circunstanciales y directas y lo que constituye las pruebas pertinentes. Además, el proceso de la cadena de custodia comúnmente utilizado por los oficiales de procuración de justicia en los Estados Unidos y que cada vez es más utilizado por los oficiales que trabajan bajo el nuevo sistema de justicia penal adversarial de México, se detalló en un proceso paso a paso y acompañado de ejemplos. Finalmente, se explicó el camino por el cual se presentan las pruebas a un tribunal de primera instancia, se autentica y se admite (con y sin testimonio).

Como se indica en la introducción de esta guía, este libro ofrece una visión de las mejores prácticas en torno a la cadena de custodia; sin embargo, los oficiales de procuración de justicia deben buscar asesoramiento jurídico de sus respectivos fiscales en relación con las diferencias de jurisdicción en la preservación y presentación de pruebas en procesos penales.

ACERCA DEL AUTOR

Michael C. Steen es oficial de policía e instructor con más de 20 años de experiencia policial. Después de servir en el grupo de Marine Corps de los Estados Unidos, se enfocó en una activa y diversa práctica profesional en el área de procuración de justicia. A lo largo de esta senda, ha fungido como instructor en varios temas relacionados con varios temas relacionados con las corporaciones policiacas, ha publicado investigaciones, y durante los últimos ocho años, como parte de sus deberes policiales, ha sido instructor para compartir sus enseñanzas a los oficiales mexicanos de procuración de justicia. Michael obtuvo su Licenciatura en Administración de Justicia Penal y tiene títulos asociados en Justicia Penal y Ciencias Aplicadas en la Procuración de justicia.

Michael cree firmemente que la responsabilidad más alta de un investigador profesional es imparcialmente buscar y revelar la verdad. Con esa convicción, Michael enseña que *sin una clara verdad no adulterada, no se puede honrar a la justicia.*

ACERCA DEL TRADUCTOR

Durante más de 25 años, José Luis Leyva se ha desempeñado como intérprete y traductor en diversas áreas técnicas. Su amplia experiencia lingüística lo ha llevado a interpretar para presidentes de la república, gobernadores latinoamericanos y estadounidenses, embajadores, presidentes de compañías transnacionales, jueces, fiscales, peritos y profesionales del cuidado de la salud. Es también autor de varias obras, entre las que se incluyen los libros de terminología técnica y ha colaborado en la implantación del sistema de justicia penal adversarial en México.